BEI GRIN MACHT SICH IHR WISSEN BEZAHLT

- Wir veröffentlichen Ihre Hausarbeit, Bachelor- und Masterarbeit

- Ihr eigenes eBook und Buch - weltweit in allen wichtigen Shops

- Verdienen Sie an jedem Verkauf

Jetzt bei www.GRIN.com hochladen und kostenlos publizieren

David Plato

Bericht zum Waldschul-Praktikum

GRIN Verlag

Bibliografische Information der Deutschen Nationalbibliothek:

Die Deutsche Bibliothek verzeichnet diese Publikation in der Deutschen National-
bibliografie; detaillierte bibliografische Daten sind im Internet über http://dnb.d-
nb.de/ abrufbar.

Impressum:

Copyright © 2012 GRIN Verlag GmbH
Druck und Bindung: Books on Demand GmbH, Norderstedt Germany
ISBN: 978-3-656-67210-4

Praktikumsbericht

<u>Herr David Plato</u>
Name, Vorname

12 - 16.11.2012

Inhaltsverzeichnis:

1. Einleitung

Im Rahmen der Fortbildung zum Erwerb des Waldpädagogikzertifikates, absolvierte ich ein Praktikum in der Waldschule xxx. Diese Einrichtung ist entsprechend der FCK – Kriterien zertifiziert und für die Fortbildung fachlich geeignet. Die Praxisphase beinhaltete die Organisation und Vorbereitung, der nach pädagogischen Grundsätzen entwickelten Waldschulprogramme. In diesem Zusammenhang beschäftigte ich mich mit der zielgruppenorientierten und altersentsprechenden Wissensvermittlung zum Wald und konnte mich unter Einbeziehung der programmatisch ausgerichteten Waldschulveranstaltungen mit der psychologischen, sozialen und erlebnisbehafteten Bedeutung und Wirkung der Waldpädagogik inhaltlich auseinandersetzen. Die theoretischen Grundlagen unterstützten die durchgeführten waldpädagogischen Veranstaltungen zu den jeweiligen Themenmodulen. Kernanliegen dieser Lernform ist das ganzheitliche, nachhaltige Lernen und Verstehen von waldbezogenen Prozessen im Kontext zur Umweltbildung. Auf der Grundlage meiner vorhandenen Fachkenntnisse, insbesondere in den Themenbereichen BNE, Umweltbildung und Waldpädagogik beteiligte ich mich aktiv an den Waldschulprojekten und konnte zur fachlichen Bereicherung beitragen.

2. Einführung

Die Waldschule xxx in xxx ist eine waldpädagogische Einrichtung des xxx. In dieser Einrichtung wird die waldbezogene Bildungs- und Erziehungsarbeit als Aufgabe des gemäß § 32 Waldgesetz des Landes Brandenburg wahrgenommen. Dazu verfügt die Waldschule über fachkompetentes Personal. Die Mitarbeiter entwickelten ein eigenes Leitbild für die Bildungseinrichtung.

Leitbild – Motto Waldschule

- *Sinnerfahrungsverlusten entgegenwirken*
- *Wissensverluste auszugleichen*
- *Zusammenhänge im Ökosystem Wald nachhaltig vermitteln*
- *Ökologische Bildung als umfassendes Konzept anwenden*
- *Eine zukunftsorientierte Wertschätzung des Waldes erreichen*

Des Weiteren besteht eine Zusammenarbeit mit **141 Schulklassen** aus **40 Grundschulen**. Rund 6000 Gäste besuchen die Waldschule jährlich.

Weitere Partner sind:

- 1 Oberstufenzentrum
- Universität Viadrina Frankfurt Oder
- Hochschule für nachhaltige Entwicklung Eberswalde
- zahlreiche regionale Unternehmen und Vereine

Waldschulprofil:

- Waldlehrplan (Klassenstufe 1-6)
- Waldtheater   (Klassenstufe 1-6)
- Grünli – Mein Waldbuch
- Ameisen – Erlebniswelt
- Waldentdeckerpass

3. Tagesberichte für die Kalenderwoche vom 12 - 16.11.2012

Beschreibung der Hospitation / Eigenverantwortliche Aktivitäten und Aktionen

Montag:

Kennenlernen der Waldschule (Organisation, Mitarbeiter, Aufgabenbereiche etc.)

Mitarbeit bei der Zusammenstellung bedeutender waldpädagogischer Lernbausteine

Vorbereitung der Veranstaltungen für die laufende Woche

- Materialanfertigung für das Waldtheater
- Unterstützung bei der Pflege des Innengebäudes der Waldschule in Vorbereitung der Veranstaltungen

Ideensammlung für die einzelnen Waldschulveranstaltungen in der Praktikumswoche

Dienstag:

Hospitation: 1. Veranstaltung
Zielgruppe: Schüler der 2. Jahrgangsstufe
Thema: Tiere im Winter

Beginn der Veranstaltung:

8.00 Uhr Anreise der Schulklasse
Begrüßung

Zeitlegende/Jahreszeiten (Veranschaulichung der Sinneswahrnehmung)
Implementierung von Lernbausteinen

Jahreszeiten – Es wird Herbst ? (Lichteinfluss, Temperatur)

Teil 1 Waldschulunterricht im Klassenraum der Waldschule

- Wissensvermittlung: Kennenlernen von Waldtieren und ihrer Lebensweise, Nutzung von Tierpräparaten
- Tiere im Winter (Zug- und Standvögel, Winterruhe/Winterschlaf)

Teil 2 Waldführung

Hinweise auf Naturphänomene am Beispiel der Licht- und Wärmestrahlung
Sinneswahrnehmung im Wald – Begegnungspunkt im Wald, Sensibilisierung für
den Naturraum Wald

Durchführung eines Waldspiels:

<u>Ziel:</u> Förderung des Sozialverhaltens (insbesondere Teamfähigkeit)

<u>Spielablauf</u>
Einteilung in Dreiergruppen
Jede Gruppe sollte ein beliebiges Waldtier in Form der Pantomime vorstellen

Teil 3   Bastelveranstaltung

Anfertigung eines Eichhörnchens aus Pappe und Stoffresten
<u>Ziel</u>: Förderung der Kreativität, Eigenverantwortung und der Lernmotivation,
Erinnerungsgeschenk an den Waldschultag

Abschluss der Veranstaltung

Diskussion mit den Schülern – Wie hat es Euch gefallen?
Beurteilung des Waldschultages durch die Schüler
- Nutzung eines Meinungskastens aus Holz

Reflexion der Veranstaltung

Anschließendes Gespräch mit den Veranstaltern
- Verbesserungsvorschläge für ähnliche Waldschultage dieser Form

Mittwoch, 14.11.2012

Im Rahmen eines Waldschultages an der Waldschule xxx habe ich eine Grundschulklasse der 2. Jahrgangsstufe zum Thema Tiere im Winter betreut. Die Gruppe von 12 Kindern nahm ich am Bahnhof xxx in Empfang. Gemeinsam gingen wir von dort zur Waldschule. Auf dem Weg dorthin bemerkte ich, dass einige Schüler bereits ein großes Interesse am Wald bekundeten. Ich wurde diesbezüglich schon im Vorfeld der Veranstaltung in vertiefte Gespräche mit den Schülern eingebunden und ging insbesondere auf die vielen Fragen die mir gestellt wurden ein. Vor der Waldschule stellte ich mich und meine Teamkollegen (2 FöJler) den Schülern vor. Erster Anhaltspunkt im Waldschulgebäude war die Zeittafel an der Wand im Hauptgebäude.

Die Zeittafel unterstützte meine Kommunikation mit den Schülern zu entsprechenden Einstiegsfragen in die Thematik. Dabei ging es um das Verstehen und Kennenlernen der Bedeutung von Lichtquellen (hier: Sonne, Licht- und Wärmestrahlung), den Jahreszeiten und die Sinneswahrnehmung für die Tiere und uns Menschen. Anschließend fand der erste Teil des Waldschultages im Grünen Klassenzimmer der Waldschule statt. Die Einführungsveranstaltung zum Thema „Tiere im Winter" führte ich selbstständig durch. Zu Beginn des Waldschulunterrichtes gab ich einen kurzen Einstieg zur Thematik. Zur Unterstützung meiner Unterrichtsdidaktik nutzte ich die vorhandenen Anschaupräparate (Beispiel: Igel). Dabei bemerkte ich, dass sich das Interesse bei den meisten Schülern steigerte. Die visuelle Darstellung von Lerninhalten ist eine günstige Form, die Aufmerksamkeit zu verbessern und einen nachhaltigen Behaltungseffekt zu erzielen. Den weiteren Verlauf des Unterrichtes richtete ich demnach darauf aus und vermittelte den Schülern vertiefte Kenntnisse zur Lebensweise der Tiere im Winter in altersgerechter Weise. Insbesondere bin ich inhaltlich auf den Winterschlaf, die Winterruhe und die Winterstarre eingegangen und erläuterte anhand von Beispielen den Unterschied zwischen Zug- und Standvögeln. Zum Ende des ersten Teils des Waldschulunterrichtes skizzierte ich beispielhafte Schaubilder an der Tafel, um zu verdeutlichen, wie anhand von Beobachtungen in der Natur zu erkennen ist, welche Lebensweise das jeweilige Tier, welches gesehen wurde führt und was sich anhand des Tieres alles schlussfolgern lässt. Auf dem Gelände der Waldschule nutzte ich den Igelgarten, der nach der Veranstaltung genau das richtige gewesen ist, um den Sinnen der Kinder erstmal freien Lauf zu lassen und die weitere Motivation der Schüler im allgemeinen beizubehalten. Ich leitete die anschließende Waldwanderung und führte die Kinder an einen geeigneten Platz im Wald, wo ich nochmals auf die Sinne eingegangen bin. Im Dialog mit den Schülern machte ich darauf aufmerksam, wie Menschen, Tiere und Pflanzen bemerken, dass es Herbst bzw. Winter wird. Einige Schüler konnten sich dazu schon sehr gut äußern und hatten bereits gute Vorkenntnisse (z.B. Photosynthese). Wir bildeten einen großen Kreis und begrüßten mit unseren Sinnen den Wald. Dafür nutzte ich bildhafte Objekte wie den Himmel, die Sonne, den Waldboden, die Bäume, die Tiere.

Diese Wahrnehmungsübung diente der Rückkopplung zum Einstieg in die Thematik zu Beginn im Waldschulgebäude an der Sinneszeittafel. Danach rief ich die Kinder zu einem Spiel auf. Jeweils 3 Kinder bildeten eine Gruppe und stellten als Ganzes eine Tierpantomime dar, die durch die Schüler erraten werden sollte. Ziel dieses Spiel war es, die Gruppenkommunikation zu fördern und die Bewegungsaktivitäten zu verbessern. Während des Verlaufes des Spiels konnten durchaus Defizite im Sozialverhalten einzelner Schüler im Ansatz erkannt werden. Die stark auffallende ausgeprägte Heterogenität des sozialen Entwicklungstandes der Kinder wurde bei dieser Spielaktivität deutlich und konnte anhand von genauen Beobachtungen, wie beispielsweise die Verweigerung an der Teilnahme oder das Desinteresse an der Bildung einer Gruppe weiteren sozialpsychologischen Ursachen zugeordnet werden. Die weitere Wanderung gestaltete ich mit erlebnisbehafteten Eindrücken aus dem Wald. Dazu gehörten das Zeigen von Tierspuren, Fraßspuren (z.B. Eichhörnchen, Buntspecht) sowie Tierfährten im Wald. Ich animierte die Kinder selbst nach Spuren zu suchen, um die Begeisterung aufrecht zu erhalten. Dabei sollte jedes Kind Eicheln sammeln und im Waldboden verstecken und ein Eichhörnchen nachahmen. Auf dem späteren Rückweg zur Waldschule sollen die Eicheln wieder gefunden werden, an dem Ort wo sie vorher von den Schülern versteckt wurden. An bestimmten Haltepunkten befragte ich die Schüler zu einigen Sachverhalten, die zuvor inhaltlicher Gegenstand des Unterrichtes gewesen sind. Größtenteils konnten eine Vielzahl der Schüler die Fragen beantworten und gaben mir zu verstehen, dass sie sich aus dem Waldschulunterricht vieles gemerkt und verstanden haben. Schüler in dieser Altersgruppe sind bezüglich der Entwicklung des Sozialverhaltens noch beeinflussbar und können für den Wald sensibilisiert werden. Mit diesem Gedanken bin ich an einem kleinen Müllberg im Wald anschaulich auf die Verhaltensregeln im Wald eingegangen und gab einige Hinweise zum Umgang mit abgelagertem Müll im Wald. Meine Anregungen zur Entsorgung des Unrates trugen Früchte. Jeder Schüler erklärte sich bereit auf dem Rückweg ein wenig Abfall mit zur Waldschule zu nehmen, um dort umweltgerecht zu entsorgen. Bewegungsaktivitäten im Wald spielen eine große Schlüsselrolle für die Gesundheit. In Form eines weiteren Spiels konnte den Kindern der nötige Ausgleich zu der bisherigen Veranstaltung gegeben werden.

Das Spiel „Bäumchen, Bäumchen wechsle dich" ist für diese Zielgruppe vorteilhaft zum Tragen gekommen. Ich beteiligte mich auch am Spielverlauf, was den Spaßfaktor bei den Schülern weiter verstärkte. Man bemerkte in vielen Situationen, wie wenig körperliche Bewegung einige Kinder erfahren und welche Auswirkungen das auf den Entwicklungsstand haben kann. Auf dem Rückweg sammelten einige Schüler Naturmaterialien (Eicheln, Moos, Holzreste) und suchten ihre versteckten Früchte im Waldboden. Den meisten Kindern machte das großen Spaß und sie freuten sich über die wiedergefundenen Verstecke. In der Waldschule gab es dann erstmal ein großes Lagerfeuer, wo sich jeder eine Bratwurst selbst grillen konnte. In gemütlicher Runde schloss ich die Waldwanderung am Grillfeuer ab. Alle Schüler haben sich gestärkt und konnten den letzten Teil der Tagesveranstaltung miterleben und freuten sich schon darüber, ihren Eltern ein selbst gebasteltes Eichhörnchen angefertigt aus Stoffresten und Pappe zu schenken. Der Bastelnachmittag diente der freien Entfaltung der Kreativität der Schüler. Nur wenige Minuten nach der Basteleinführung, bemerkte ich, dass einzelnen Kindern die benötigte Feinmotorik zum Basteln fehlte und kaum Eigenmotivation vorhanden war. Durch meinen für die Probleme verständnisvollen und einfühlsamen Umgang und einer guten Kommunikation zwischen mir und den anwesenden Lehrkräften konnte es mit entsprechenden pädagogischen Methoden gelingen für alle Kinder ein selbstgebasteltes Eichhörnchen als Andenken an den Waldschultag in Müllrose mit nach Hause zu nehmen. Der überwiegende Teil der Schüler gab der Waldschule für die Organisation und der Durchführung des Waldschultages eine positive Einschätzung. Dafür wurde ein Meinungskasten aus Holz genutzt, in den die Schüler mit dem Einwurf von Nüssen ihre Meinung abgeben konnten.

Donnerstag 15.11.2012

Die zweite Veranstaltung führte ich mit einer 6. Klasse von 18 Schülern durch. Schwerpunktmäßig ging es am diesem Waldschultag darum, die Facetten des Waldes den Schülern näher zu bringen. Insbesondere wurden Fragestellungen wie Was ist Wald?. Welche Waldfunktionen gibt es?, Wie verhalte ich mich im Wald? und Wie kann der Wald geschützt werden?. Am Bahnhof xxx nahm ich die Gruppe in Empfang.

Auf dem Weg zur Waldschule bemerkte ich, dass die Schüler noch größere Differenzen im Sozialverhalten aufzeigten, im Gegensatz zu der am Mittwoch teilgenommenen 2. Klasse. Einige Schüler stellten mir zum Försterberuf erste Fragen, die ich ihnen altersgerecht beantwortete. Angekommen in der Waldschule stellte ich mich und meine Teamkollegen den Schülern vor. Der erste Teil des Waldschultages fand im Grünen Klassenzimmer der Einrichtung statt. Herr xxx, der Leiter der Waldschule begann mit dem Waldschulunterricht und zeigte den Schülern erste Einblicke in die Einrichtung und erläuterte die Aufgaben und die Bedeutung der Waldschule.

Bild. 1   Waldschulunterricht im Grünen Klassenzimmer

Die Schüler hörten ihm überwiegend aufmerksam zu und stellten auch vereinzelt Fragen. Anschließend habe ich mich bei den Schülern vorgestellt und führte erste interessante Gespräche zu unterschiedlichen Themen die der Wald beinhaltet.

Dabei ging es inhaltlich um Fragen wie Geht ihr gern in den Wald ?. Sprecht ihr in der Schule häufig über das Thema?. Mit diesen Fragen konnte ich den ersten Kontakt im Dialog mit den Schülern aufbauen und weiter vertiefen. Einige von ihnen erzählten mir eindrucksvolle Erlebnisse, die sie im Wald erfahren haben. Im Weiteren Verlauf des Unterrichtes ging ich speziell auf den Aufbau des Waldes (Schichten des Waldes), die Aufgaben des Försters, und einige mathematische Sachverhalte (z.B. Raummeter Holzpolter) ein, die mit altersentsprechenden Lernmethoden von mir erläutert wurden. Auffallend dabei war die fast bei allen Schülern stark differenzierte Wahrnehmung und Reflexion meines Vortrages. Nur ganz wenige folgten dem Unterricht nicht und waren nur bedingt zu motivieren sich aktiv in das Unterrichtsgeschehen einzubringen. Da die Schüler wenig Ausdauer hatten, beendete ich den ersten Teil der Waldschulveranstaltung 10 min früher, mit dem Ziel in den anschließenden Veranstaltungspunkten die notwendige Aufmerksamkeit zu den einzelnen Aktivitäten zu erhalten. In der danach stattgefundenen Waldführung bin ich intensiver auf die zuvor im Unterricht angesprochenen Dinge eingegangen. Es ist bekannt, dass viele Schüler die wichtigen Inhalte erst wenn sie direkt im Wald angekommen sind bewusst wahrnehmen. Vor diesem Hintergrund, thematisierte ich einige wesentliche Schwerpunkte während des Waldganges. Bevor es in den Wald ging, bildeten die Schüler mit einem Spinnennetz (s. Bild) einen Kreis.

Bild. 2 Netzspiel

In der Mitte des Netzes lag ein Ball. Die Aufgabe des Netzspiels bestand darin, dass
die Schüler versuchen sollten, mit dem Netz zwischen Hindernissen (Baumstämme)
zu gehen, um dabei zu versuchen, den in der Mitte liegenden Ball nicht nach unten
fallen zu lassen. Den meisten bereitete dass großen Spaß. Dabei konnten viele ihr
Ausdauervermögen testen und ihre Konzentrationsfähigkeit trainieren. Nur einige
konnten sich nicht genau auf das Spiel fixieren und generierten eine eher lustlose
Haltung. Zu beobachten war auch, dass im Sozialverhalten der Schüler eine große
Heterogenität vorhanden gewesen ist. Ein wichtiger Aspekt dabei ist, dass
Walderlebnisse in Verbindung mit direkten Sozialerfahrungen, für die
Persönlichkeitsentwicklung, insbesondere in diesem Alter von großer Bedeutung
sind. Nach Beendigung des Netzspiels, ging ich mit den Schülern in den Wald zu
einem geeigneten Sammelpunkt, wo wir gemeinsam einen großen Kreis bildeten
und den Wald mit unseren Sinnen begrüßten. Mit bildhaften Elementen wie dem
Himmel, die Sonne, den Waldboden, die Bäume, die Tiere konnte jedem Schüler
gezeigt werden, welche Dimensionen der Wald abbildet. Während des weiteren
Verlaufes der Veranstaltung bin ich auf die Verhaltensregeln im Wald eingegangen
und befragte die Schüler dazu.

Größtenteils wussten sie an welche Regeln man sich beim Aufenthalt im Wald halten muss. Wir liefen an einem Müllberg im Wald vorbei, blieben dort stehen und diskutierten über die Folgen von Müllablagerungen im Wald. Die meisten Schüler waren sich bewusst, was es bedeutet Müllreste in freier Natur zu hinterlassen. Die unterschiedlichen Reaktionen sowie die Aufmerksamkeit machten deutlich, welche soziale Entwicklung einige Kinder bislang durchgemacht haben. Im Anschluss führte ich ein weiteres Spiel durch, dass die Waldfunktionen ansprechen sollte, insbesondere die Schutz- und Lärmfunktion.

Dazu teilte ich die Schüler in vier Gruppen ein und erklärte den Spielablauf (s. Bild).

Bild. 3 Lärmspiel

Jede Gruppe ging in ein vom Ausgangspunkt nahe gelegenes Waldstück verschiedener Waldstrukturen und Entfernungen. Ein Schüler bekam die Aufgabe sich zehn Begriffe (Wörter) auszudenken, die er laut in den Wald rufen sollte. Jede einzelne Gruppe hatte in dem Wald wo sie warteten einen Zettel. Die Aufgabe bestand darin, dass nach Abgabe der Ruftöne aufgeschrieben werden sollte, welche Wörter aus unterschiedlicher Entfernung gehört wurden.

Nach dem Wiedereintreffen aller Gruppen am Ausgangspunkt begann die Auswertung des Spiels. Die Schüler die am weitesten vom Sammelpunkt entfernt waren, haben am wenigsten von den zehn Begriffen gehört. Anhand dieses Resultates, erläuterte ich den Schülern, dass sehr gut zu erkennen ist, wie wichtig der Wald zum Schutz gegen Lärm sein kann. Durch die Vermittlung von Kenntnissen zum Schutz des Waldes mit Unterstützung des Hör-Ruf-Spiels ist ein hoher Behaltungseffekt zu erwarten und durch die Verbindung zwischen Wald- und Sozialerfahrung, davon auszugehen, dass die meisten Schüler verstanden haben, welche Schutzfunktion der Wald bietet. Demzufolge wurde das Sozialverhalten der Kinder hinsichtlich der Umweltbildung im positiven Sinne gefördert und das Verantwortungsbewusstsein der Schüler für den Wald und die Umwelt verstärkt. Nach gut einer Stunde begann ich zum Ausgleich der bisher verlaufenden Veranstaltung mit einem Bewegungsspiel Bäumchen, Bäumchen wechsle dich. Der dabei vorhandene Spaßfaktor ist wichtig für das Miteinander in der Gruppe und steigerte zunehmend die Gruppendynamik. Auf dem Rückweg zur Waldschule erklärte ich an symbolhaften Bäumen die Bedeutung des Waldes und der Bäume für den Menschen, sowie den Naturphänomenen die man im Wald erkennen kann.

Bild. 4 Interessante Einblicke

Zu beobachten war eine eher schlechte Aufmerksamkeit. Viele befanden sich am Beginn der eigenen Identitätsentwicklung und hatten demnach kaum ein Interesse am Erkennen von Naturbesonderheiten. Kurz vor dem Erreichen der Waldschule spielte ich das letzte Spiel mit den Schülern und beendete damit die Waldwanderung. Herr Förster, Herr Förster wie bunt sind die Wälder war eines der Höhepunkte an diesem Tag, was sich an der großen Freude am Spiel bei allen Teilnehmern widerspiegelte. Das Spiel festigte die sozialen Beziehungen und hat zur Verbesserung des Miteinanders in der Gruppe beigetragen. Wieder angekommen in der Waldschule wurde deutlich, wie wichtig regelmäßige Waldgänge hinsichtlich der Lernqualität, der Auffassungsgabe und der sozialen Entwicklung für die Schüler sind. Nach einem gemeinsamen Grillen am Feuer verabschiedete ich mich von den Schülern und beendete die Veranstaltung. Die Beurteilung der Veranstaltung durch die 6. Klasse konnte nicht objektiv in Betracht gezogen werden. Zurückzuführen ist dies in erste Linie darauf, dass die meisten Schüler nach der Waldwanderung erschöpft gewesen sind und gedanklich mit sich selbst beschäftigt waren.

Auffallend war das bei einzelnen Schülern vorhandene vorpubertierende Verhalten. Somit konnten die abgegebenen Meinungen im Holzkasten nicht realistisch eingeordnet und in Betracht gezogen werden. Die Aufmerksamkeit und die individuelle Einbindung der Schüler in den Ablauf der Veranstaltung ist insgesamt stark differenziert ausgeprägt gewesen. Im Verhältnis zur 2. Klasse am Vortag gab es sehr große Abweichungen hinsichtlich des sozialen Entwicklungstandes.

Freitag, 16.11.2012

Am Freitag hatte ich eine Kindergartengruppe von 12 Kindern im Vorschulalter zu betreuen. Die Veranstaltung begann 9:30 Uhr in der Waldschule und wurde zum Thema Herbst Im Wald durchgeführt. Im Grünen Klassenzimmer der Einrichtung begrüßte ich die Kinder und stellte mich kurz vor. Danach gingen wir in den Wald. Dabei zeigte ich den Kindern die Naturschönheiten des Waldes im Herbst. Die ersten Eindrücke waren teils bemerkenswert. Viele Kinder verfügten über ein für dieses Alter realistisches Bild zum Naturraum Wald. Ein überwiegender Teil konnte die Naturphänomene (Blattverfärbung, Raureif) den entsprechenden natürlichen Abläufen in der Natur zuordnen. Auf dem Sammelplatz bildete ich wie bereits bei den anderen Veranstaltungen mit den Kindern einen Kreis und konnte mit den Elementen Sonne, Himmel, Bäume, Tiere und den Waldboden sinnbehaftend zu erkennen geben wir befinden uns im Wald. Ein erstes Einstiegsspiel im Anschluss daran, diente dem Erkennen von Tierarten. Jeweils ein Kind führte in Pantomime ein Tier was im Wald lebt vor, die Aufgabe für die Anderen bestand darin, zu erraten um welches Waldtier es sich handelt. Nur vereinzelte Kinder hatten keine Motivation dazu, was auf mögliche Defizite im sozialen Entwicklungsprozess zurückzuführen sein könnte. Mit diesem Spiel sollten die Kinder die Tiere des Waldes Kennenlernen und ihr Vorstellungs- und Interpretationsvermögen dazu weiterentwickeln. Um das Walderleben im Herbst nachhaltig zu fördern und Spannungseffekte zu erzeugen, sollten die Kinder nach Blättern, Früchten und sonstigen Naturmaterialien am Waldboden suchen. Mit großer Begeisterung haben die meisten Kinder neugierig nach den Schätzen des Waldes gesucht.

Erlebnisbehaftete Eindrücke während einer Waldwanderung haben insbesondere im Vorschulalter eine nachhaltige Wirkung, die unter der Voraussetzung einer weiteren positiven sozialen Entwicklung langfristig beibehalten werden kann. Während der Waldwanderung bemerkte ich, dass gerade mit diesen Erlebnissen die Emotionen der Kinder zum Wald gestärkt werden können. Auf dem Weg zu unserem nächsten Sammelpunkt im Wald startete ich einen ca. 200 m langen Waldlauf. Am Treffpunkt angekommen führte ich das Spiel „Bäumchen, Bäumchen wechsle dich durch, welches gut angenommen wurde und den Spaßfaktor steigerte. Im Anschluss daran konnten alle Kinder ein beliebiges Tier aus Naturmaterialien auf dem Waldboden konstruieren. Es zeigte sich sehr schnell, dass die Kinder ein unterschiedliches Interesse an dieser Form des Walderlebens signalisierten. Auch hier spielt das Zusammenwirken von Natur- und Sozialerfahrung eine große Schlüsselrolle hinsichtlich der sozialen Entwicklung der Kinder. Ziel war es hierbei, auch die Kreativität zu fördern und die Kinder auf die vielfältigen Facetten des Waldes mit seinen Elementen aufmerksam zu machen, um nachhaltige Eindrücke aus dem Wald bei ihnen zu hinterlassen. Einige Kinder begannen erst mit dem eigenständigen Sammeln und Bauen, nachdem sie zum wiederholten Male angesprochen wurden sich gedanklich damit auseinanderzusetzen, wie ein beliebiges Waldtier aus Naturmaterialien aussehen kann. Die meisten von ihnen hatten an dieser Aufgabe viel Freude und konnten ihre ersten Ideen in die Praxis umsetzen. Es entstanden beeindruckende Gebilde aus Ästen, Zweigen, Moosen und Blättern. Der Rückweg zur Waldschule wurde mit spannungserzeugenden Effekten ausgestaltet. Dabei nutzte ich im Wald vorhandene besondere Bäume, die Formen aus Myhten und Märchen wiederspiegelten, die im Licht der Sonne zu sehende goldene Verfärbung der Blätter oder eine glänzende Rinde die sich durch verschiedene Lichteffekte zeigte. Nach Eintreffen mit der Gruppe in der Waldschule fand die Waldwanderung ihren Ausklang. Alle Kinder haben sich über den schönen Tag gefreut und brachten das zum Ende der Veranstaltung zum Ausdruck.

05. Fazit und Rückblick auf das Praktikum

Wie hat mir das Praktikum insgesamt gefallen?

Die Praxisphase im Rahmen der Fortbildung zum „Staatlich zertifizierten Waldpädagogen" war sehr aufschlussreich und interessant. In Vorbereitung auf die anstehende Abschlussprüfung zur Erlangung des Waldpädagogikzertifikates konnte ich an der Waldschule meinen Erfahrungshorizont erweitern und neue Erkenntnisse erlangen. Das Waldschulteam unterstützte mich bei allen Aktivitäten vorbildlich, so dass die stattgefundenen Hospitationen erfolgversprechend gewesen sind. Insbesondere möchte ich Herrn xxx danken, der mir viele wertvolle praktische Ratschläge für die Waldschulpraxis gegeben hat und mir bei der Umsetzung der durchgeführten Veranstaltungen tatkräftig bei Seite stand. Durch die vorhandene Infrastruktur der waldpädagogischen Einrichtung, konnten die zahlreichen Veranstaltungen und Projekte sehr praxisorientiert umgesetzt werden. Aus perspektivischer Sicht besitzt die Waldschule sehr gute Voraussetzungen für eine erfolgreiche waldbezogene Bildungs- und Erziehungsarbeit. Die Einrichtung wird sich qualitativ weiterentwickeln und bietet einen Raum hinsichtlich der sozialen Entwicklungschancen unserer Kinder und Jugendlichen. Anhand meiner gemachten Erfahrungen kann ich die Waldschule xxx für die Praxisphase im Rahmen des Zertifikatslehrganges an Interessierte weiterempfehlen. Das Profil und der Charakter der Waldschule verdient weiterhin Wertschätzung und Unterstützung durch unsere politisch Verantwortlichen. Für die Zukunft wünsche ich der Waldschule eine weitere positive Entwicklung, viele Erfolge in den einzelnen Projekten, sowie eine gute öffentliche Resonanz, die sich bereits durch die bisher programmatische Ausrichtung der Waldschularbeit zeigte.

Ich werde das Praktikum an der Waldschule xxx in guter Erinnerung behalten.

Cottbus, 28.02.2014

Planung – Waldtheater

8:00 Uhr

- ❖ Begrüßung der Kinder am Lagerfeuer
- ❖ Verweiß auf Müllentsorgung in der Waldschule
- ❖ Frühstück und Geschichte erzählen
- ❖ Spiele:
  - ➢ Waldbegrüßungsspiel
  - ➢ altersspezifische Spiele
  - ➢ Igelpfad

9:00 Uhr

- ❖ Aufenthalt im Schulungsraum (Benutzung der Toiletten)
- ❖ Rollen Verteilung
- ❖ Bearbeitung des Themas
  - ➢ 1.-2. Klasse eine halbe Stunde Unterricht
  - ➢ 3.-5. Klasse eine 3/4 Stunde Unterricht
- ❖ Raumwechsel (Bastelraum oder Theaterraum)
- ❖ Masken basteln

11:00 Uhr

- ❖ Proben im Wald

12:00 Uhr

- ❖ Aufführung auf der Pilzbühne im Wald

12:15 Uhr

- ❖ Grillen

12:50 Uhr

- ❖ Smileybox
- ❖ Verabschiedung

13:00 Uhr

- ❖ Schluss